Paso 1
Ingresa a **www.openlightbox.com**

Paso 2
Ingresa este código único

AVH52249

Paso 3
¡Explora tu eBook interactivo!

Tu eBook interactivo trae...

Todo sobre los insectos

Los ciempiés

Iniciar

Comparte

AV2 es compatible para su uso en cualquier dispositivo.

 Leer

 Audio
Escucha todo el lobro leído en voz alta

 Videos
Mira videoclips informativos

 Enlaces web
Obtén más información para investigar

 ¡Prueba esto!
Realiza actividades y experimentos prácticos

 Palabras clave
Estudia el vocabulario y realiza una actividad para combinar las palabras

 Cuestionarios
Pon a prueba tus conocimientos

 Presentación de imágenes
Mira las imágenes y los subtítulos

 Comparte
Comparte títulos dentro de tu Sistema de Gestión de Aprendizaje (LMS) o Sistema de Circulación de Bibliotecas

 Citas
Crea referencias bibliográficas siguiendo los estilos de APA, CMOS y MLA

Este título está incluido en nuestra suscripción digital de Lightbox

Suscripción en español de K–5 por 1 año
ISBN 978-1-5105-5935-6

Accede a cientos de títulos de AV2 con nuestra suscripción digital.
Regístrate para una prueba GRATUITA en **www.openlightbox.com/trial**

Se garantiza que los componentes digitales de este libro estarán activos por 5 años.

Los ciempiés

Contenidos

- 2   Código del libro AV2
- 4   Este es el ciempiés
- 6   Dónde viven
- 8   Protegiendo los huevos
- 10 El ciclo de vida
- 12 Muchas patas
- 14 Sus sentidos
- 16 Cómo cazan
- 18 Qué comen
- 20 Su rol en la naturaleza
- 22 Datos sobre los ciempiés

Este es el ciempiés.

Los ciempiés son animales pequeños.

Tienen el cuerpo largo y plano.

Se pueden encontrar ciempiés en casi todo el mundo.

Suelen vivir en lugares húmedos.

Los ciempiés ponen huevos.

Pueden envolver los huevos con su cuerpo para protegerlos.

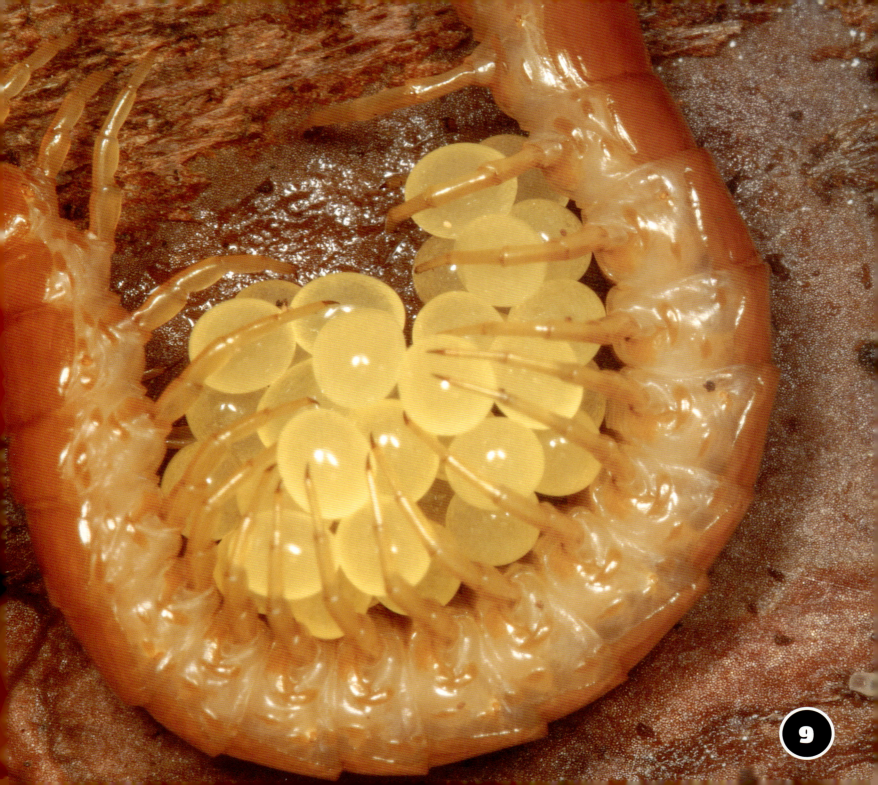

Los ciempiés nacen de huevos.

Los recién nacidos suelen tener menos patas que los adultos.

Los ciempiés adultos pueden tener muchas patas.

Usan sus patas para correr rápido.

Los ciempiés tienen antenas en la cabeza.

Con las antenas, encuentran comida en la oscuridad.

Los ciempiés tienen unas uñas filosas.

Usan las uñas para atrapar su comida y defenderse.

La mayoría de los ciempiés comen arañas e insectos.

Estos alimentos les dan todo lo que necesitan para estar sanos.

Los ciempiés son importantes para la naturaleza.

Ayudan a controlar las plagas.

DATOS SOBRE LOS CIEMPIÉS

Estas páginas ofrecen información detallada sobre los interesantes datos de este libro. Están dirigidas a los adultos, como soporte, para que ayuden a los jóvenes lectores a redondear sus conocimientos sobre cada criatura presentada en la serie *Todo sobre los insectos*.

Páginas 4–5

Los ciempiés son animales pequeños. Pertenecen a un grupo de animales llamados artrópodos. Los artrópodos, que además incluyen a los insectos y arácnidos, no tienen esqueleto interno. En su lugar, tienen una coraza externa dura que se llama exoesqueleto y que los protege. El exoesqueleto no crece. Por eso, los animales como el ciempiés deben mudar, o abandonar su exoesqueleto para que les crezca uno nuevo.

Páginas 6–7

Se pueden encontrar ciempiés en casi todo el mundo. Viven en casi todos los continentes de la Tierra. Hacia el norte, se extienden hasta el Círculo Ártico. Los ciempiés más grandes pueden llegar a medir más de 10 pulgadas (25,4 centímetros) de largo. A diferencia de los insectos y los arácnidos, los ciempiés no tienen una capa impermeable en su exoesqueleto. Por eso, los ciempiés suelen vivir en lugares húmedos para no secarse.

Páginas 8–9

Los ciempiés ponen huevos. Los ciempiés ponen todos los huevos al mismo tiempo. El conjunto de huevos se llama nidada. Envolviendo los huevos con su cuerpo, el ciempiés los protege de los depredadores. Cuando los huevos eclosionan, algunas mamás se quedan con sus crías hasta que estén listas para cazar. Algunas especies de ciempiés no ponen huevos en nidadas sino que hacen pozos en la tierra y depositan un huevo en cada pozo.

Páginas 10–11

Los ciempiés nacen de huevos. Cuando salen de los huevos, son como versiones de sus padres en miniatura. Los ciempiés recién nacidos de algunas especies nacen con pocos segmentos corporales y menos patas que los adultos. Durante los períodos de muda, estos ciempiés crecen y desarrollan más segmentos, llegando a tener la cantidad completa con el paso del tiempo. Para ser un artrópodo, el ciempiés es muy longevo. Algunas especies pueden vivir hasta seis años.

Páginas 12–13  **Los ciempiés adultos pueden tener muchas patas.** Aunque la palabra ciempiés significa "que tiene cien patas", ninguna especie de ciempiés tiene exactamente 100 patas. Esto se debe a que cada ciempiés tiene un número impar de pares de patas. La cantidad de pares de patas va desde menos de 20 hasta más de 150, dependiendo de la especie. Cada uno de los segmentos del cuerpo del ciempiés puede tener solo un par de patas. Algunos ciempiés pueden separar sus extremidades del cuerpo para distraer a los depredadores. Luego, les vuelven a crecer.

Páginas 14–15  **Los ciempiés tienen antenas en la cabeza.** Usan estas antenas para oler y sentir los objetos que tienen delante. Muchos ciempiés tienen ojos simples, mientras que algunas especies directamente no tienen ojos. Por eso, dependen de otros sentidos, como los que les dan sus antenas, para poder cazar. Los ciempiés suelen ser más activos cuando cazan por la noche.

Páginas 16–17  **Los ciempiés tienen uñas filosas.** El par de patas delanteras del ciempiés tienen forma de uñas llamadas forcípulas. El ciempiés es el único tipo de animal con patas adaptadas de esta forma. Cuando se encuentra con su presa, usa sus filosas forcípulas para inyectarle veneno. Los ciempiés también usan este veneno para defenderse. Si bien la picadura del ciempiés no causa síntomas graves, algunas pueden ser peligrosas para las personas que son alérgicas a su veneno.

Páginas 18–19  **La mayoría de los ciempiés comen insectos y arañas.** Los ciempiés son carnívoros, es decir, comen otros animales. Aunque suelen cazar otros artrópodos, algunas especies más grandes comen reptiles, anfibios o incluso mamíferos. Una especie, el ciempiés gigante del Amazonas, es famoso por colgarse del techo de las cuevas y atrapar murciélagos en pleno vuelo.

Páginas 20–21  **Los ciempiés son importantes para la naturaleza.** Una de las especies más comunes de ciempiés que se encuentra en América del Norte es el ciempiés doméstico. Muchas veces se la considera una plaga por su gran velocidad y su aspecto desagradable. Sin embargo, los ciempiés domésticos en realidad son animales beneficiosos ya que consumen varias plagas destructivas o peligrosas para la salud, como las polillas y las cucarachas.

Published by Lightbox Learning Inc.
276 5th Avenue, Suite 704 #917
New York, NY 10001
Website: www.openlightbox.com

Copyright ©2026 Lightbox Learning Inc.
All rights reserved. No part of this publication may be reproduced, stored in a retrieval system, or transmitted in any form or by any means, electronic, mechanical, photocopying, recording, or otherwise, without the prior written permission of the publisher.

Library of Congress Control Number: 2024947238

ISBN 979-8-8745-1345-0 (hardcover)
ISBN 979-8-8745-1347-4 (static multi-user eBook)
ISBN 979-8-8745-1349-8 (interactive multi-user eBook)

Printed in Guangzhou, China
1 2 3 4 5 6 7 8 9 0   29 28 27 26 25

102024
101724

Art Director: Terry Paulhus
English Project Coordinator: John Willis
Spanish Project Coordinator: Sara Cucini
English/Spanish Translation: Translation Services USA

Photo Credits
Every reasonable effort has been made to trace ownership and to obtain permission to reprint copyright material. The publisher would be pleased to have any errors or omissions brought to its attention so that they may be corrected in subsequent printings. The publisher acknowledges Alamy, Minden Pictures, Getty Images, and Shutterstock as its primary image suppliers for this title.